DIESES COOLE

MATHE VORKURS HEFT

Schreibe deinen Namen.

GEHÖRT: ______________________________

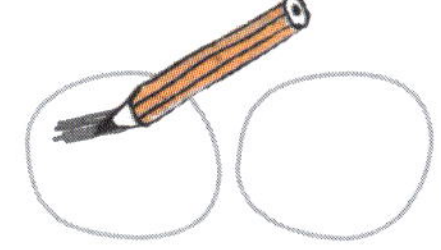

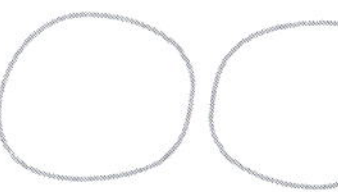

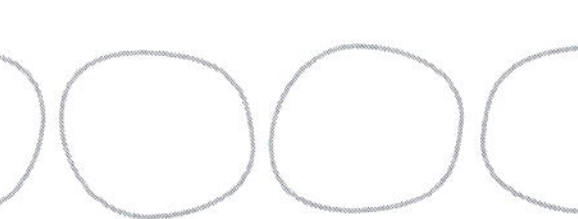

Male an.

MEIN ALTER:

MEINE LIEBLINGSZAHL:

Male an oder schreibe.

SCHULE FINDE ICH:

Kreise ein.

HEY DU!

Willkommen im Lama-Club. Cool, dass du mit mir Mathe übst!

Für jede Seite, die du in diesem Heft bearbeitest, darfst du einen Lama-Kreis anmalen. Am Ende kannst du so deinen Lama-Level und damit auch deine Pupskraft berechnen.

Pupskraft??? Richtig gehört! Sei gespannt und rechne und male, was das Zeug hält!

Dein COOLLAMA®

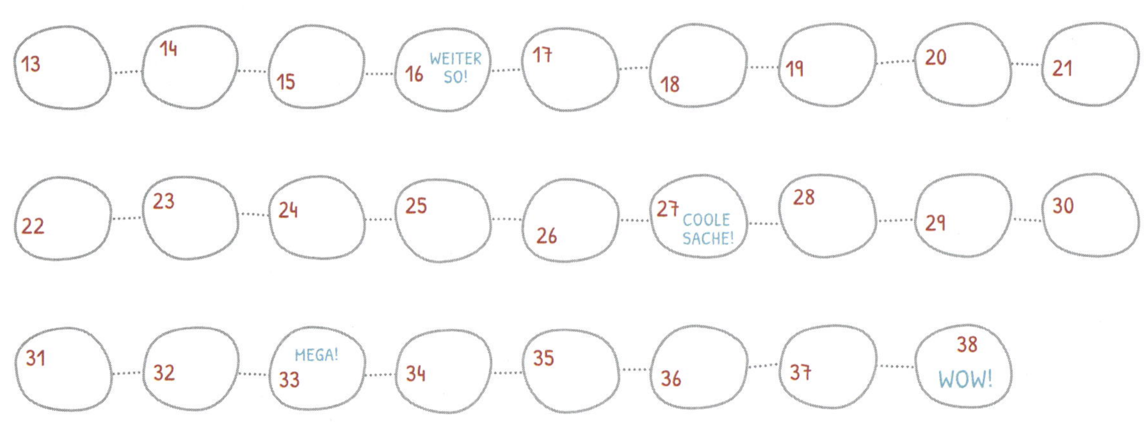

Deinen Lama-Level erfährst du auf Seite 40.

FLUG-LAMA

Nora, das Flug-Lama, fliegt die verrücktesten Routen. Versuche sie nachzuzeichnen. Danach kannst du Nora anmalen.

Zeichne selber eine Flugroute.

WER WAR'S?

Unverschämt! Irgendwer hat Bos Wasser ausgesoffen.
Folge den Linien, um den Übeltäter aufzuspüren.

FAULI FAULTIER

Fauli ist ein Freund der Lamas. Meist hängt er ganz entspannt im Baum, aber er kann auch anders. Spure erst Fauli nach und dann seine wilden Umdrehungen.

KÖTTEL-ALARM!

Max & Mia haben ihre Wiese ganz schön voll geköttelt.
Verfolge die Wege und zähle, wer mehr Köttel verloren hat.

LAMA KUNTERBUNT

Lama Kunterbunt liebt Farben. Male jedes Feld in der richtigen Farbe, passend zur Zahl, an.

FINDE DIE PAARE

In welchen Kästchen sind gleich viele Lamas und Dinge?

Zähle und verbinde.

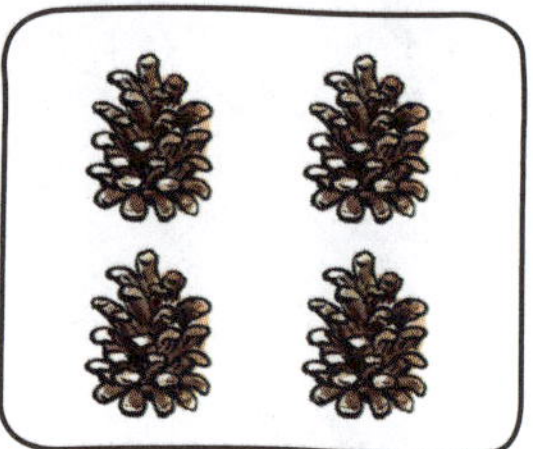

OSTEREIERSUCHE

Die Lamas freuen sich riesig auf die Ostereiersuche.
Jedes Lama hofft auf 5 Eier. Aber reichen die Eier dafür?
Zähle und kreise ein.

5

WINDPOCKEN

Oje! Die ganze Lamaherde hat die Windpocken.
Auf jedem Lama finden sich 7 dicke, rote Punkte.
Zähle und male fehlende Punkte dazu.

AUF DER WEIDE

Wie viele Köttel zählst du? Verbinde mit der passenden Zahl.

4

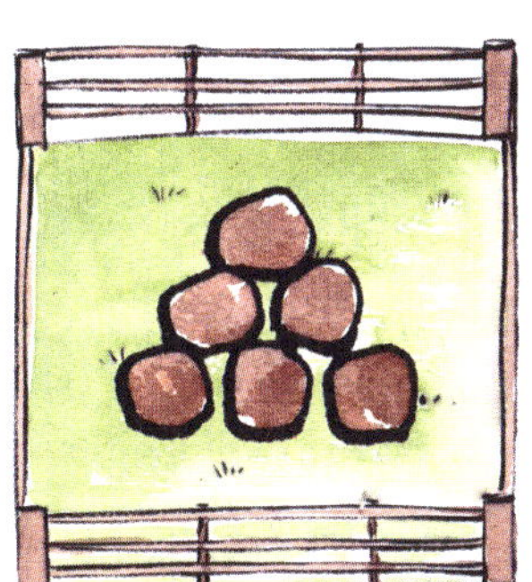

6

5

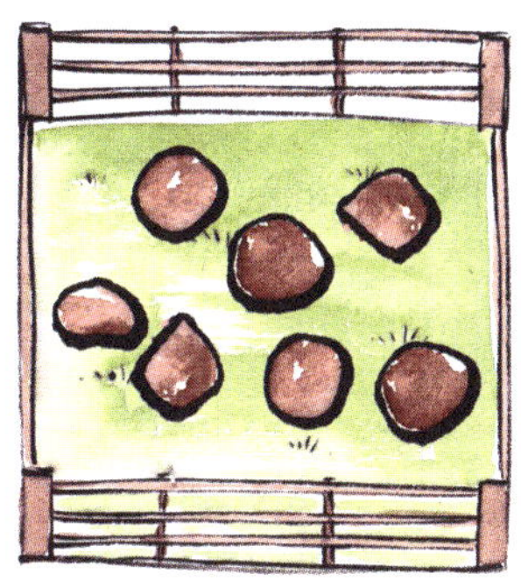

7

AM LAGERFEUER

Was beobachtet Lotti gerne bei Nacht? Verbinde immer die Punkte von 1 bis 10 und finde es heraus.

LAMA-LABYRINTH

Mit Pups-Kraft durchs Labyrinth. Zeige Surfi den Weg zum Meer, indem du den Zahlen in der richtigen Reihenfolge folgst.

FITNESS MIT BO BODY

Hey, cool, dass du da bist!

Ich bin Bo,
dein persönlicher Fitnesstrainer.
Jetzt wird Sport gemacht.

LOS GEHT'S!

1. Auf der Stelle rennen: Zähle laut bis 10.
2. Kniebeugen: 5 Stück.
3. Auf einem Bein stehen: Zähle bis 10.

Außer Puste? So muss es sein!

Einmal kurz durchatmen und dann den Zirkel noch einmal wiederholen.

Fertig? High Five!

Übermorgen ist wieder Training.
Gleicher Ort, gleiche Zeit.

Dein Bo Body

DAS PASST NICHT!

Wer hat denn diese Reihen zusammengestellt?
Immer eines der Dinge oder Tiere passt nicht in die Reihe.
Kreise ein.

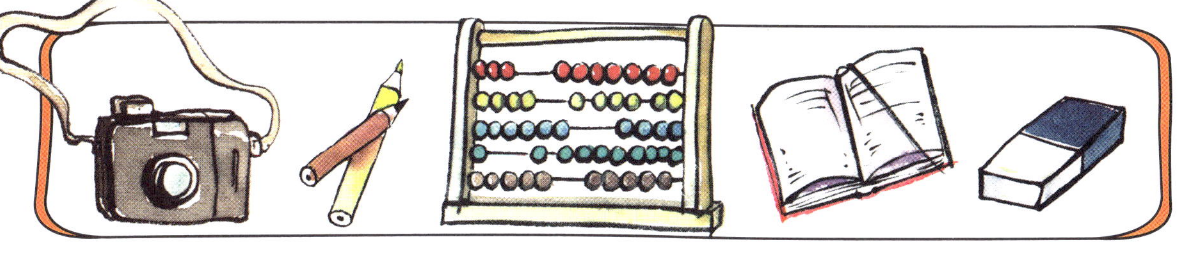

ÜBER DEN FLUSS

Die Lamas möchten den Fluss überqueren.
Aber erst muss jedes Lama zwei Muster fortsetzen,
damit der Steg begehbar ist. Hilf den Lamas.

DA FEHLT DOCH WAS?

Immer ein Gegenstand oder eine Zahl fehlt in den grünen Kästchen. Ergänze, was fehlt.

Setze die Muster von Lama Kunterbunt auf der rechten Seite fort. Am Hals hast du Platz für eigene Muster-Ideen.

WASCHTAG

Endlich wieder saubere Socken. Hilf den Lamas die Socken zu sortieren und verbinde die Paare. Bleiben Socken übrig?

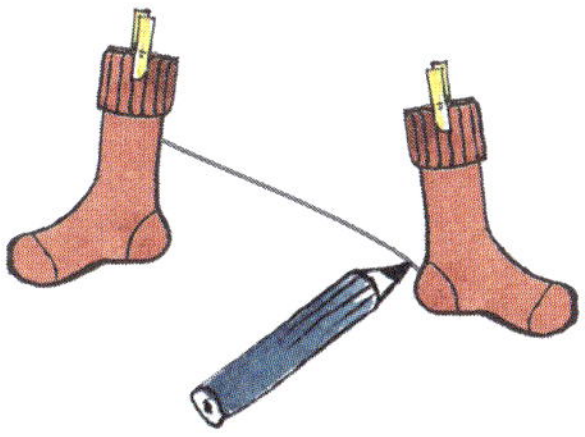

Puh, zum Glück stinken die nicht mehr so!

MOMENT MAL

Da stimmt doch was nicht? In jeder Reihe ist ein Gegenstand oder Tier anders. Kreise ein.

SCHATTENGESTALTEN

Erkennst du den passenden Schatten zu jedem Lama?

Verbinde.

ICH SEHE WAS ...

... was du auch siehst?! Im unteren Bild finden sich 9 Fehler. Kreise sie ein.

LAMA-LESEZEICHEN

Bastle dir ein Lesezeichen!

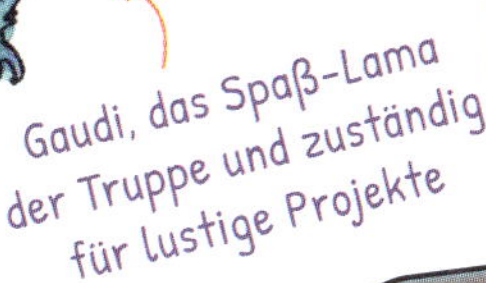

Auf der gestrichelten Linie ausschneiden.

Hier in der Mitte falten.

Male dein Lesezeichen an und schneide es aus. Falte es in der Mitte und klebe die Hälften zusammen. Wenn du magst, kannst du an der markierten Stelle noch eine hübsche Kordel befestigen.

Hey! Du kannst gerne diese Seite nutzen. Löse dann nur vorher die Aufgabe auf der Rückseite. Oder du besuchst unsere Webseite und druckst dir die Seite dort aus.

www.coollama.de/vorschule

SCHULTÜTEN

Juhu, jetzt beginnt die Schule! Wie viele Schultüten gibt es von jeder Farbe? Male die Zahl mit der passenden Farbe an.

REGENTAG

Immer zwei Wolken tragen gleich viele Regentropfen.
Finde und verbinde sie.

SONNENTAG

Was für ein schöner Tag auf der Lama-Weide. Male die Tiere und Gegenstände an und zähle sie dabei. Trage die Anzahl in die Kästchen unten ein.

So oder so

| | | |

WAS PASST?

Welches Bild passt zur Zahl? Kreise ein. 1  

4   

5   

6 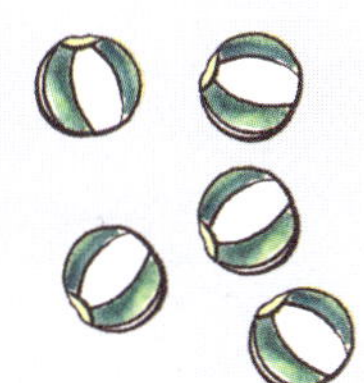 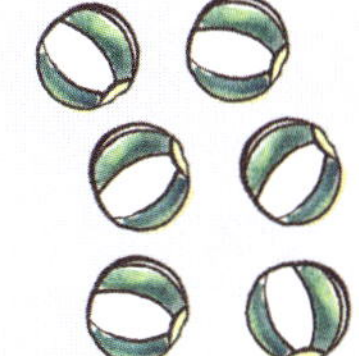 

7 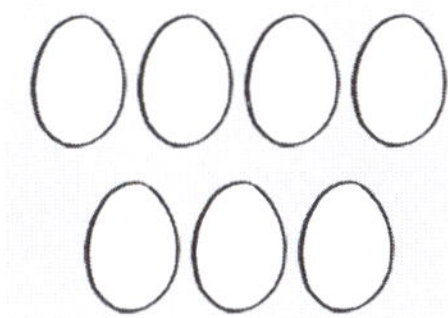 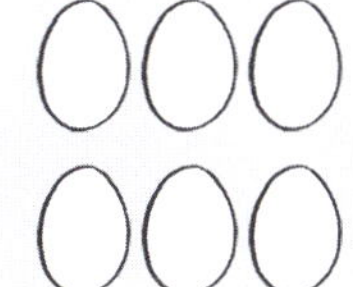 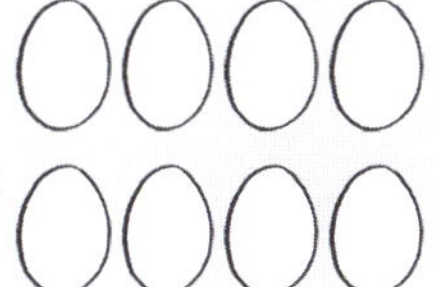

8   

SAMMEL-LAMAS

Linus & Lotti sammeln für ihr Leben gerne. Wer hat jeweils mehr von den Dingen? Kreise ein.

SCHULAUSFLUG

Die Lamas machen einen Schulausflug. Hilf Franzl zu packen und male die nötige Anzahl an Dingen an.

YOGA MIT YOGI

Hallo und Namaste,

bist du bereit für eine Runde Yoga?

Heute versuchen wir uns am „herabschauenden Hund".
Diese Stellung ist super für den Rücken und die Schultern.

Yogi Lama, biegsamer und geduldiger Yogaguru

Schau mal, ob du dich so positionieren kannst wie ich hier unten. Hände & Füße auf dem Boden und der Popo geht gaaaanz hoch.

Dein Kopf ist zwischen deinen Armen und zeigt zum Boden.
Bleibe ein bisschen in der Position und atme tief durch.

Na, das fühlt sich doch gut an, oder?

Ommmmmm.
Und schon hast du Yoga gemacht.

Namaste und bis bald.
Dein Yogi Lama

FORMEN-FANS

Male nur die Lieblingsform der Lamas in ihrer Fellfarbe an.

PERLENLIEBE

Lotti und Oskar haben sich Ketten gebastelt. Aus welchem Perlenhaufen ist die Kette entstanden? Verbinde.

KÖTTEL-REIHEN

Die langen Köttel-Reihen zeigen dir die richtige Reihenfolge der Formen & Zahlen. Ergänze mit ihrer Hilfe die kleinen Köttel-Reihen.

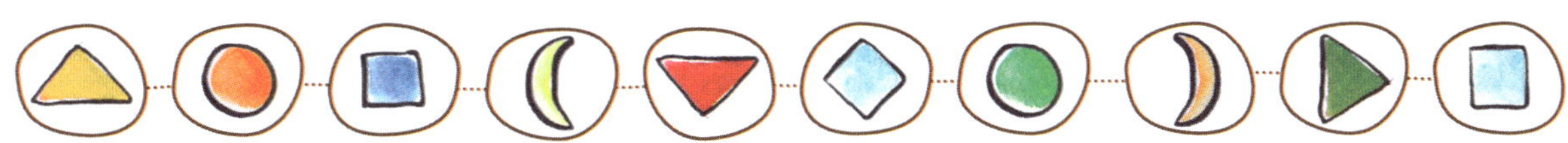

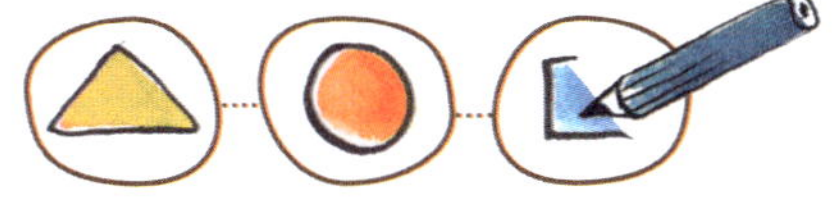

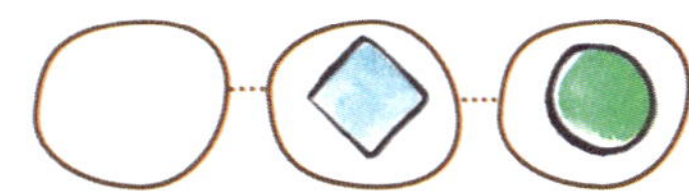

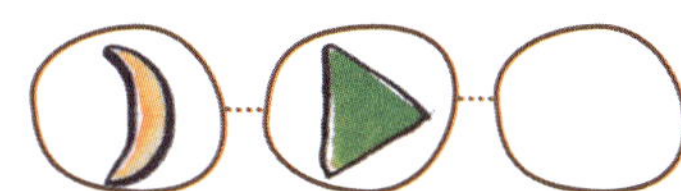

1 2 3 4 5 6 7 8 9 10

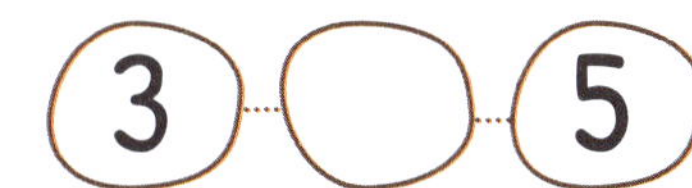

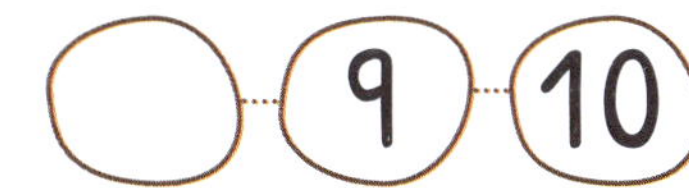

TAG AM MEER

Ferdi faulenzt am Strand. Zähle die Tiere und Dinge um ihn herum und kreise die richtige Anzahl in den Kästchen unten ein.

WAS PASST ZUSAMMEN?

Immer ein Bild, ein Würfel und eine Zahl passen zusammen.
Finde und verbinde sie.

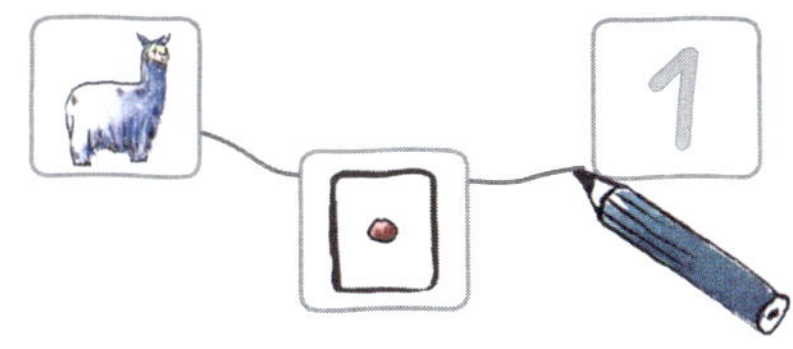

5

KÖTTEL-RECHNEN

Ui, das Lama hat einige Köttel verloren. Rechne zusammen, wie viele es in jeder Reihe sind und schreibe die Zahl in das Kästchen.

1 + 1 = 2

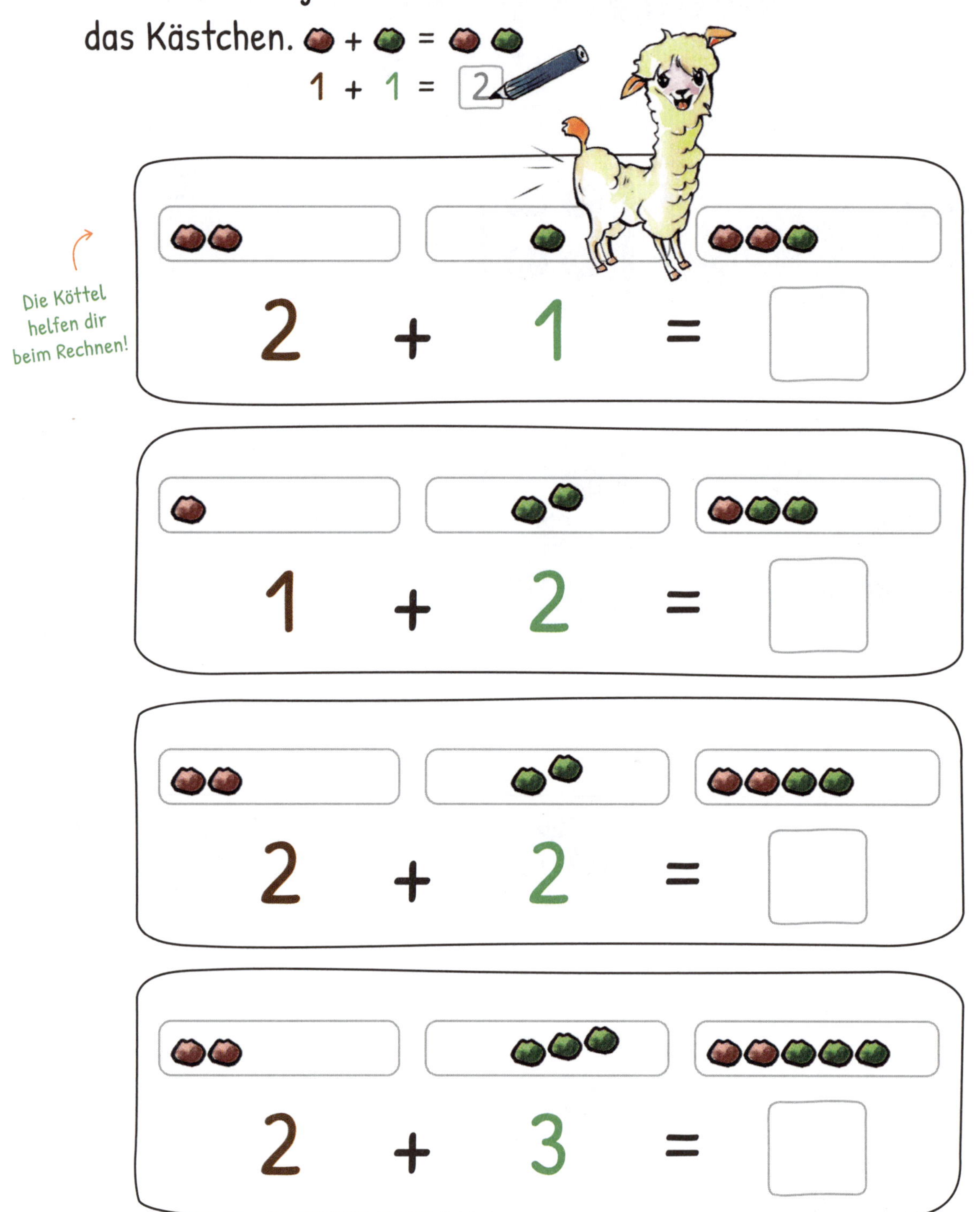

KÖTTEL-RECHNEN

Tsss, das Kötteln geht weiter! Rechne auch hier zusammen, wie viele Köttel es in jeder Reihe sind und schreibe die Zahl in das Kästchen.

1 + 1 = 2

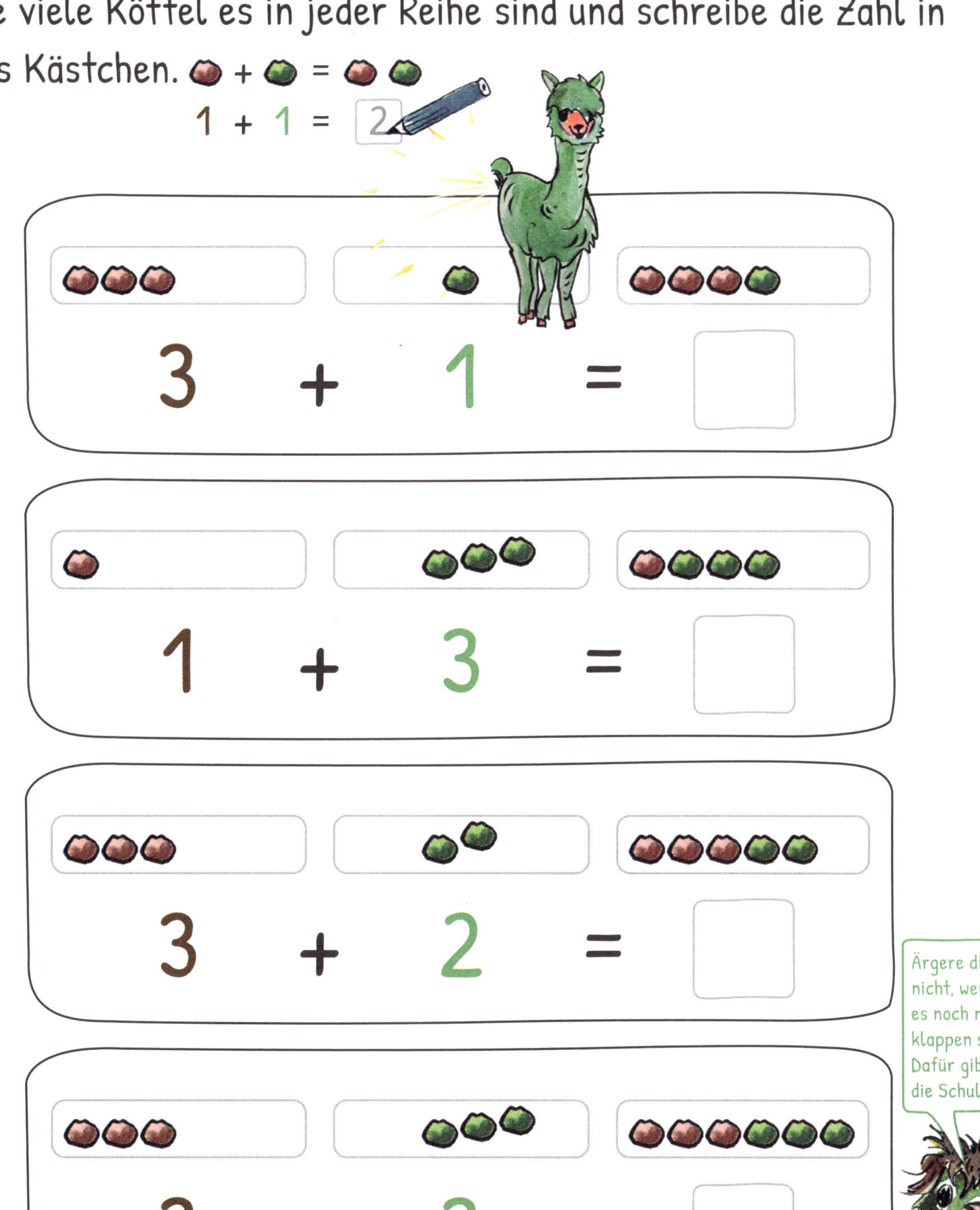

Ärgere dich nicht, wenn es noch nicht klappen sollte! Dafür gibt's die Schule.

DOMINO

Schneide die einzelnen Domino-Karten aus und lege sie so aneinander, dass Kartenende & Kartenanfang immer zueinander passen.

1 + 1

zum Beispiel so

Hey! Du kannst gerne diese Seite nutzen. Löse dann nur vorher die Aufgabe auf der Rückseite. Oder du besuchst unsere Webseite und druckst dir die Seite dort aus. www.coollama.de/vorschule

MALE DEIN COOLLAMA

Du bist am Ende deines Heftes angelangt. Toll gemacht! Zum Abschluss kannst du jetzt noch das COOLLAMA malen, so wie du es dir vorstellst.

Kira Künstlerin, die Kreative in der Lamaherde

WELCHES LAMA BIST DU?

Jetzt kommt die Stunde der Wahrheit.
Welches Lama bist du?

Zähle alle Seiten, die du bearbeitet hast, oder schaue auf der ersten Seite, wie viele Lama-Kreise du angemalt hast.

Finde dann mit Hilfe deiner Punktzahl dein Lama ...

Ich habe ____ Seiten gelöst und bin ein

- ☐ 0–10: Sleepy Lama
- ☐ 11–15: Pupsi Lama
- ☐ 16–20: Hippie Lama
- ☐ 20–25: Rechen Lama
- ☐ 26–30: Rockstar Lama
- ☐ 31 und mehr: COOLLAMA

Und wenn du wissen willst, wie dein Lama aussieht und wie viel Pupskraft es hat, besuche www.coollama.de/hall-of-fart.

Ich wünsche dir einen tollen Start in der Schule!

Dein COOLLAMA

LÖSUNGEN

4
WER WAR'S?
Unverschämt! Irgendwer hat Bos Wasser ausgesoffen.
Folge den Linien, um den Übeltäter aufzuspüren.

6
KÖTTEL-ALARM!
Max & Mia haben ihre Wiese ganz schön voll geköttelt.
Verfolge die Wege und zähle, wer mehr Köttel verloren hat.
4
5
2
So oder so

LAMA KUNTERBUNT
7
Lama Kunterbunt liebt Farben. Male jedes Feld in der richtigen Farbe, passend zur Zahl, an.
= 1
= 2
= 3
= 4
= 5

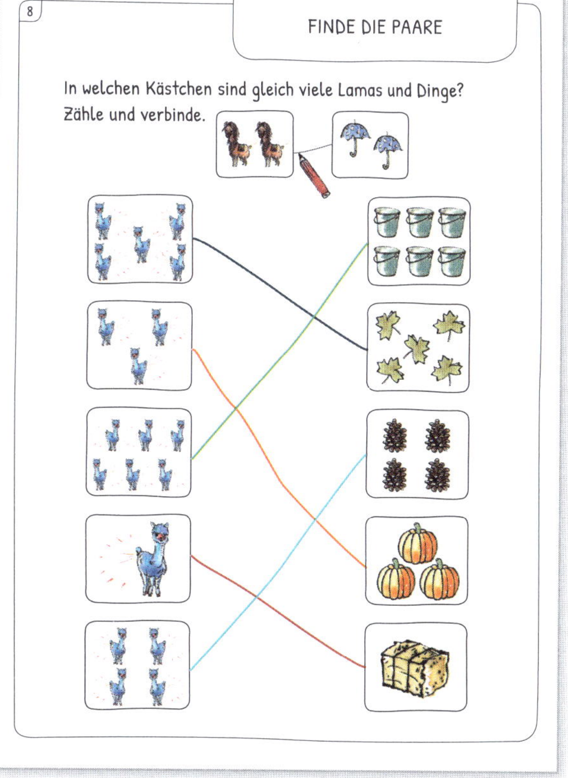
8
FINDE DIE PAARE
In welchen Kästchen sind gleich viele Lamas und Dinge?
Zähle und verbinde.

LÖSUNGEN

OSTEREIERSUCHE

9

Die Lamas freuen sich riesig auf die Ostereiersuche. Jedes Lama hofft auf 5 Eier. Aber reichen die Eier dafür? Zähle und kreise ein.

10

WINDPOCKEN

Oje! Die ganze Lamaherde hat die Windpocken. Auf jedem Lama finden sich 7 dicke, rote Punkte. Zähle und male fehlende Punkte dazu.

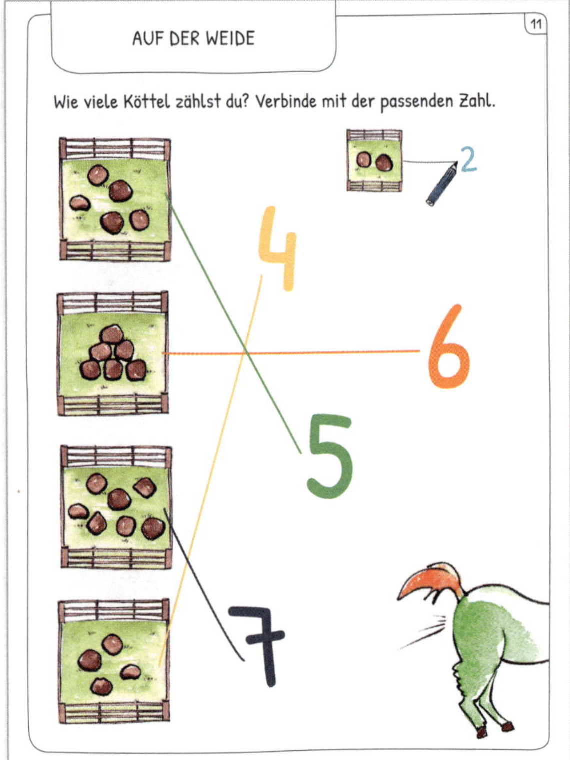

AUF DER WEIDE

11

Wie viele Köttel zählst du? Verbinde mit der passenden Zahl.

12

AM LAGERFEUER

Was beobachtet Lotti gerne bei Nacht? Verbinde immer die Punkte von 1 bis 10 und finde es heraus.

LÖSUNGEN

13

LAMA-LABYRINTH

Mit Pups-Kraft durchs Labyrinth. Zeige Surfi den Weg zum Meer, indem du den Zahlen in der richtigen Reihenfolge folgst.

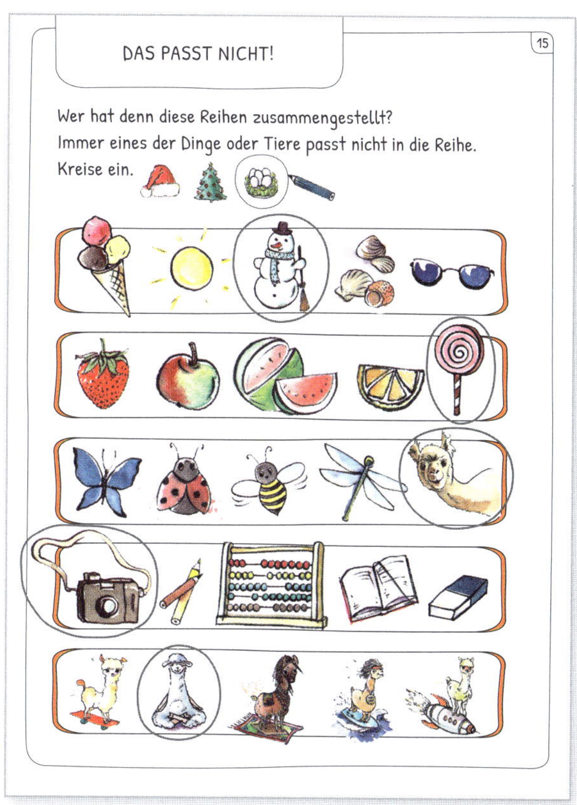

15

DAS PASST NICHT!

Wer hat denn diese Reihen zusammengestellt?
Immer eines der Dinge oder Tiere passt nicht in die Reihe.
Kreise ein.

16

ÜBER DEN FLUSS

Die Lamas möchten den Fluss überqueren.
Aber erst muss jedes Lama zwei Muster fortsetzen, damit der Steg begehbar ist. Hilf den Lamas.

17

DA FEHLT DOCH WAS?

Immer ein Gegenstand oder eine Zahl fehlt in den grünen Kästchen. Ergänze, was fehlt.

LÖSUNGEN

18

FARBENFROH

Setze die Muster von Lama Kunterbunt auf der rechten Seite fort. Am Hals hast du Platz für eigene Muster-Ideen.

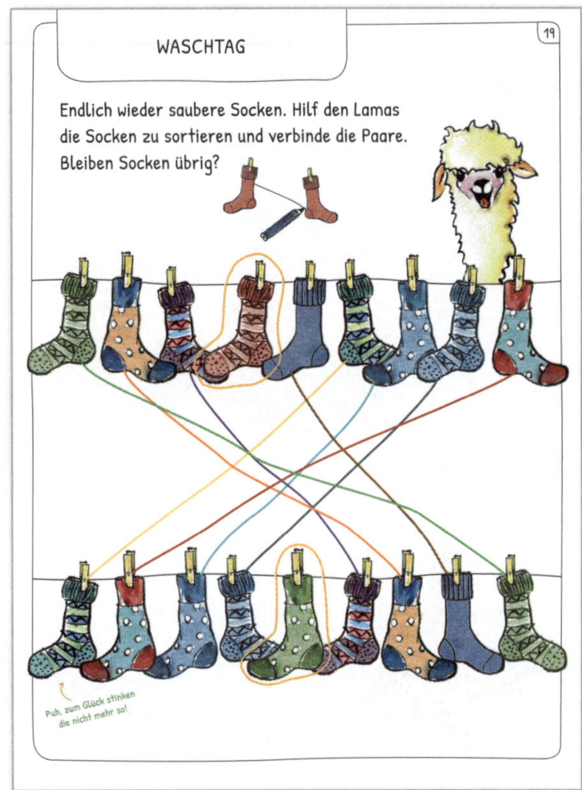

19

WASCHTAG

Endlich wieder saubere Socken. Hilf den Lamas die Socken zu sortieren und verbinde die Paare. Bleiben Socken übrig?

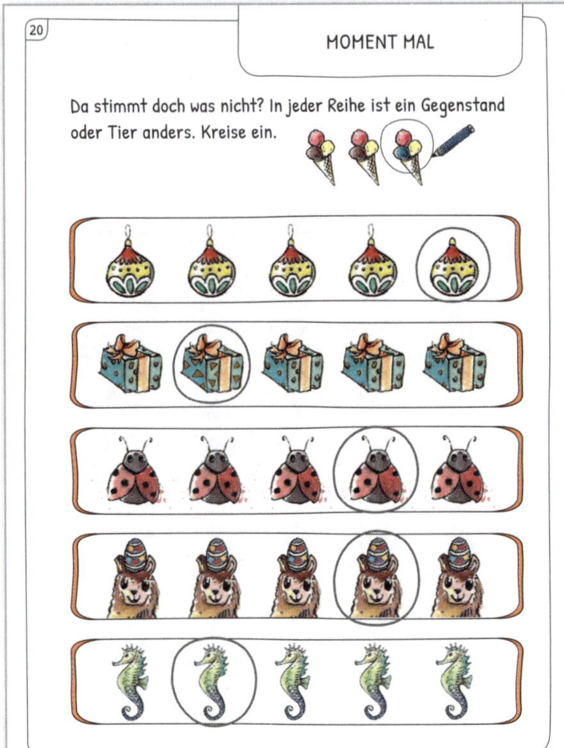

20

MOMENT MAL

Da stimmt doch was nicht? In jeder Reihe ist ein Gegenstand oder Tier anders. Kreise ein.

21

SCHATTENGESTALTEN

Erkennst du den passenden Schatten zu jedem Lama? Verbinde.

LÖSUNGEN

22

ICH SEHE WAS …

… was du auch siehst?! Im unteren Bild finden sich 9 Fehler. Kreise sie ein.

24

SCHULTÜTEN

Juhu, jetzt beginnt die Schule! Wie viele Schultüten gibt es von jeder Farbe? Male die Zahl mit der passenden Farbe an.

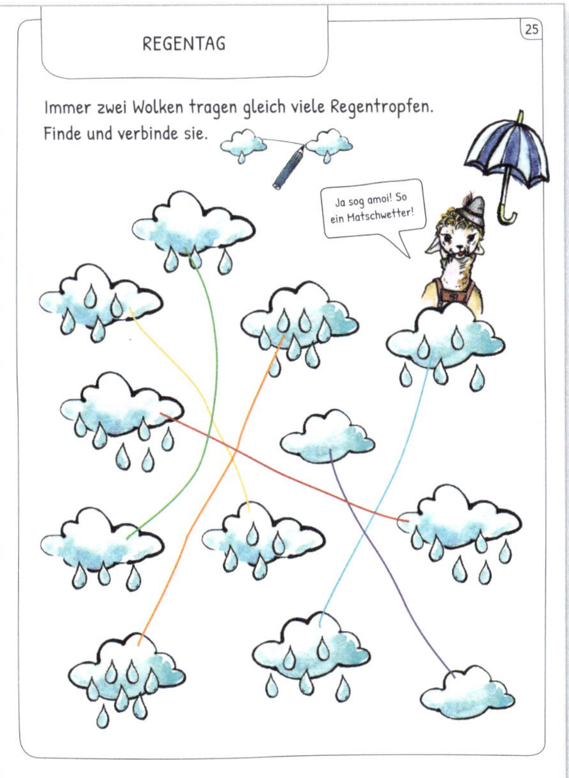

25

REGENTAG

Immer zwei Wolken tragen gleich viele Regentropfen. Finde und verbinde sie.

26

SONNENTAG

Was für ein schöner Tag auf der Lama-Weide. Male die Tiere und Gegenstände an und zähle sie dabei. Trage die Anzahl in die Kästchen unten ein.

LÖSUNGEN

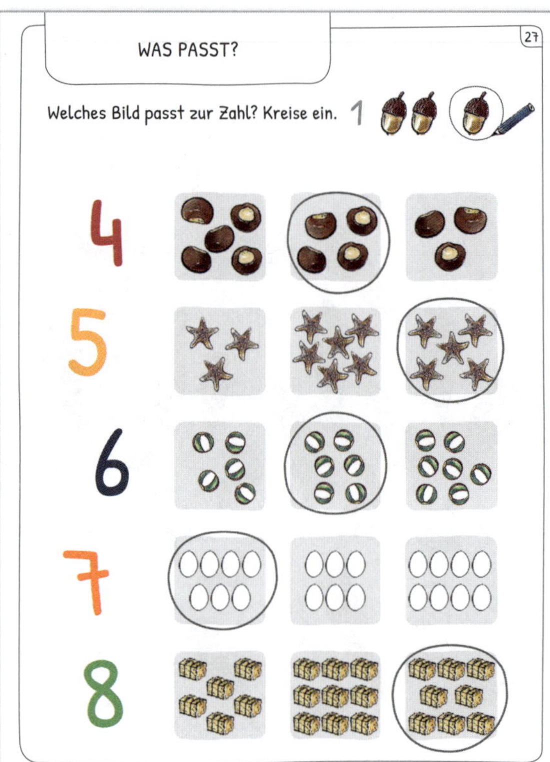
WAS PASST?
27
Welches Bild passt zur Zahl? Kreise ein. 1
4
5
6
7
8

28
SAMMEL-LAMAS
Linus & Lotti sammeln für ihr Leben gerne. Wer hat jeweils mehr von den Dingen? Kreise ein.

SCHULAUSFLUG
29
Die Lamas machen einen Schulausflug. Hilf Franzl zu packen und male die nötige Anzahl an Dingen an.
2
4
7
5
6
9

FORMEN-FANS
31
Male nur die Lieblingsform der Lamas in ihrer Fellfarbe an.

LÖSUNGEN

32
PERLENLIEBE
Lotti und Oskar haben sich Ketten gebastelt. Aus welchem Perlenhaufen ist die Kette entstanden? Verbinde.

33
KÖTTEL-REIHEN
Die langen Köttel-Reihen zeigen dir die richtige Reihenfolge der Formen & Zahlen. Ergänze mit ihrer Hilfe die kleinen Köttel-Reihen.
1 2 3 4 5 6 7 8 9 10
1 2 3
2 3 4
1 2 3
3 4 5
1 2 3
8 9 10

34
TAG AM MEER
Ferdi faulenzt am Strand. Zähle die Tiere und Dinge um ihn herum und kreise die richtige Anzahl in den Kästchen unten ein.
1
2
4
3
4
5
6
7
8
7
8
9

35
WAS PASST ZUSAMMEN?
Immer ein Bild, ein Würfel und eine Zahl passen zusammen. Finde und verbinde sie.
1
3
4
2
5

LÖSUNGEN

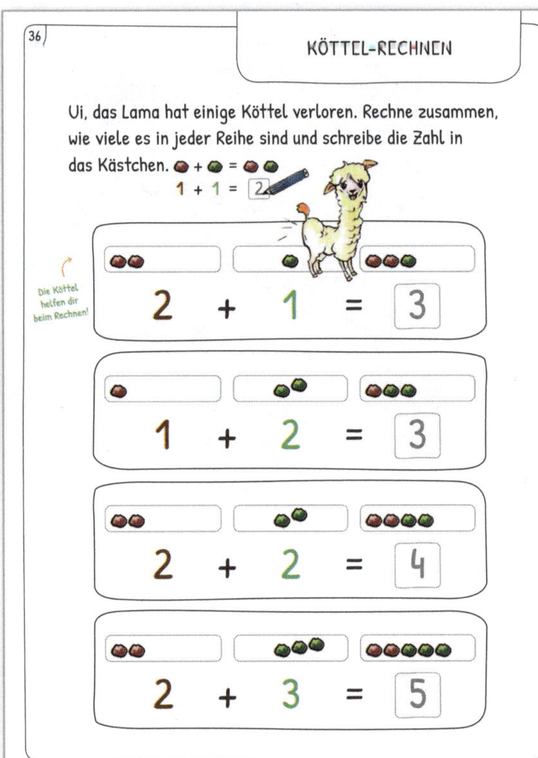

36

KÖTTEL-RECHNEN

Ui, das Lama hat einige Köttel verloren. Rechne zusammen, wie viele es in jeder Reihe sind und schreibe die Zahl in das Kästchen.

1 + 1 = 2

Die Köttel helfen dir beim Rechnen!

2 + 1 = 3

1 + 2 = 3

2 + 2 = 4

2 + 3 = 5

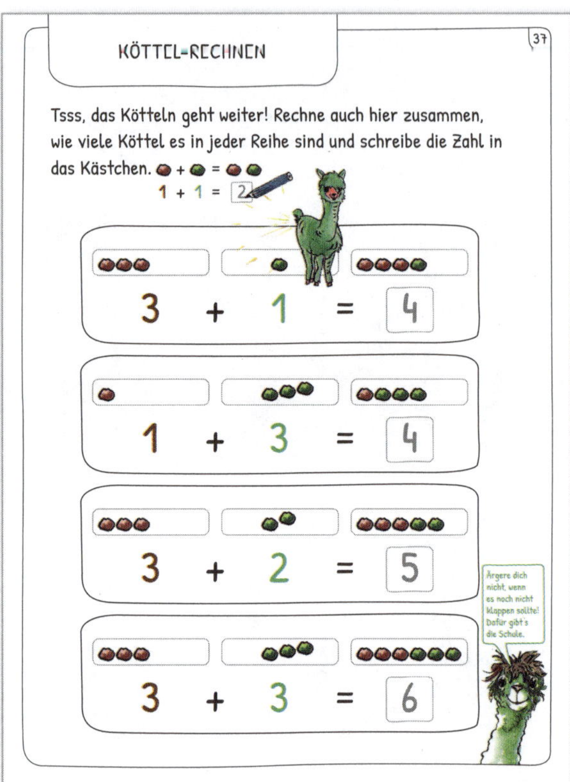

37

KÖTTEL-RECHNEN

Tsss, das Kötteln geht weiter! Rechne auch hier zusammen, wie viele Köttel es in jeder Reihe sind und schreibe die Zahl in das Kästchen.

1 + 1 = 2

3 + 1 = 4

1 + 3 = 4

3 + 2 = 5

3 + 3 = 6

Ärgere dich nicht, wenn es noch nicht klappen sollte! Dafür gibt's die Schule.

38

DOMINO

Und? Hast du's geschafft?

Versuche doch mal, die Domino-Schlange gegen die Uhr zu legen. Wie schnell bist du?

START

2 + 2

4

2 + 1

3

ENDE

1 + 1

2